Alexander Schmemann

Das Gebet Ephräms des Syrers

Beten heute 20

Alexander Schmemann

Das Gebet Ephräms des Syrers

Mit einer Einführung von

Anton Štrukelj

Johannes

Originaltext: Protopresviter A. Šmeman,
Besedy na Radio «Svoboda», Moskva 2009, tom II,
S. 57-67; ders., Sobranije statej 1947-1983,
Moskva 2009, S. 725-727

Aus dem Russischen übertragen von Marta Pavlíková

Insegnamenti di Benedetto XVI

Umschlagbild: Rembrandt, Hieronymus im Gebet

Druck: Friedrich Pustet, Regensburg
ISBN 978 3 89411 448 0

Inhalt

Einführung

Der heilige Ephräm der Syrer – ‹Die Harfe des Heiligen Geistes›

Der heilige Diakon Ephräm gilt als «der größte Dichter der Väterzeit, der vielleicht der einzige Dichtertheologe neben Dante ist»[1]. Er hat die syrische Literatur in Form und Inhalt geprägt. Seine Darlegungen gehen oft unmittelbar in staunendes Gebet über. «Eine Gloriole schmückender Beinamen (Prophet der Syrer, Sonne der Syrer, Harfe des Heiligen Geistes) umgibt seine Gestalt.»[2]

[1] «Renowned for his hymns and poetic homilies, Ephraem is regarded as the preeminent Syrian father, a doctor of the universal Church, and, according to Robert Murray, ‹the greatest poet of the patristic age ... perhaps, the only theologian-poet to rank beside Dante›», in: Catholic Dictionary of Theology, vol. 2, London 1967, 222. Zitiert nach Theodore Stylianopoulos, *Ephraem of Syria*, in: The Encyclopedia of Religion, New York 1987, 126.

[2] M. Lochbrunner, *Ephräm der Syrer*, in: Marienlexikon, Bd. 3, St. Ottilien 1989, 370-373.

Papst Benedikt XVI. hat in seiner Katechese bei der Generalaudienz am 28. November 2007 den heiligen Ephräm den Syrer vorgestellt. Er sagte von ihm:

«Er war der bedeutendste Vertreter des Christentums syrischer Sprache, und es gelang ihm, auf einzigartige Weise die Berufung des Theologen mit jener des Dichters zu verbinden. Er bildete sich und wuchs heran an der Seite des Bischofs Jakobus von Nisibis (303–338); mit ihm gemeinsam gründete er die theologische Schule seiner Stadt. Nach seiner Diakonweihe nahm er intensiv am Leben der christlichen Ortsgemeinde teil, bis Nisibis im Jahr 363 in die Hände der Perser fiel. Ephräm emigrierte nun nach Edessa, wo er seine Tätigkeit als Prediger fortsetzte. In dieser Stadt starb er 373 als Opfer der Pest, mit der er sich bei der Pflege der Pestkranken angesteckt hatte. Man weiß nicht mit Sicherheit, ob er Mönch war, aber gewiss ist jedenfalls, dass er sein ganzes Leben lang Diakon blieb und sich an das Gebot der Jungfräulichkeit und der Armut gehalten hat. So kommt in der Besonderheit seiner kulturellen Ausdrucksweise die gemeinsame und grundlegende christliche Identität zum Vorschein: der Glaube, die Hoffnung – diese Hoffnung, die ihn arm und keusch in dieser Welt leben lässt, indem er alle Erwartung auf den Herrn setzt – und schließlich die Liebe bis zur Selbsthingabe in der Pflege der Pestkranken.»[3]

Dieser große Heilige ist sowohl in den orthodoxen Kirchen als auch in der katholischen Kirche hochverehrt. Er ist sogar der einzige Heilige syrischer Sprache, dem die katholische Kirche – durch Papst Benedikt XV. am 5.10.1920[4] – die Ehre des Titels eines ‹Kirchenlehrers› gegeben hat, was auch die orthodoxen Christen mit Freude begrüßt haben.

Papst Benedikt XVI. schildert das Werk dieses christlichen Meisters mit den Worten: «Der heilige Ephräm hat uns ein großes theologisches Erbe hinterlassen: Sein beachtliches Werk lässt sich in vier Kategorien unterteilen: in gewöhnlicher Prosa geschriebene Werke (seine Streitschriften oder die Bibelkommentare); Werke in poetischer Prosa; Homilien in Versform; schließlich die Hymnen, mit Sicherheit das umfassendste Werk Ephräms. Er ist unter vielen Aspekten, besonders aber in theologischer Hinsicht ein reicher und interessanter Schriftsteller. Die Besonderheit seiner Arbeit liegt darin, dass sich in ihr

[3] Benedikt XVI., *Die Kirchenväter*, Leipzig 2008, 170-176, hier 170f. Vgl. die offizielle Ausgabe: *I Padri della Chiesa: «Sant'Efrem Siro»*, in: Insegnamenti di Benedetto XVI, Bd. III, 2 (2007), Città del Vaticano 2008, 654-659.

[4] Benedictus PP. XV, Litterae encyclicae *Principi Apostolorum Petro*, in: AAS, vol. XII (1920), n. 12, pp. 457-471.

Theologie und Dichtung begegnen. Wenn wir uns seiner Lehre nähern wollen, müssen wir von Anfang folgendes betonen, nämlich die Tatsache, dass er Theologie in poetischer Gestalt betreibt. Die Dichtung gestattet ihm, die theologische Reflexion durch Paradoxa und Bilder zu vertiefen. Gleichzeitig wird seine Theologie Liturgie, sie wird Musik: Er war in der Tat ein großer Komponist, ein Musiker. Theologie, Reflexion über den Glauben, Dichtung, Gesang, Lob Gottes gehen zusammen; und gerade in diesem liturgischen Charakter tritt in der Theologie Ephräms mit aller Klarheit die göttliche Wahrheit zutage. In seiner Suche nach Gott, in der Art, wie er Theologie betreibt, folgt er dem Weg des Paradoxons und des Symbols. Einander entgegengesetzte Bilder werden von ihm weithin bevorzugt, weil sie ihm dazu dienen, das Geheimnis Gottes hervorzuheben.»[5]

Eine besondere Aufmerksamkeit verdienen allerdings die Hymnen des heiligen Ephräm. Aus seiner Feder gibt es etwa 450 Hymnen *(madrase)*, die in folgenden Zyklen versammelt sind: *De Nativitate* (Über die Geburt Christi, 28 Hymnen), *De Fide* (Über den Glauben, 87), *De Virginitate* (Über die Jungfräulichkeit, 52), *De Ecclesia* (Über die Kirche, 52), *Carmina Nisibena* (77), *Contra*

[5] Benedikt XVI., a.a.O., 171.

Haereses (56), *De Pascha* (Über Ostern, 21), *De Paradiso* (Über das Paradies, 15), *De Jejunio* (Über das Fasten, 10), *Contra Iulianum* (Gegen Julian, 4) und 51 Hymnen, die auf Armenisch erhalten sind. Allerdings ist seine Dichtung schwierig zu übersetzen.

Um wenigstens eine Vorstellung von seiner poetischen Theologie zu geben, hat Papst Benedikt XVI. einige wunderbare Bilder aus den Hymnen *Über die Geburt Christi* zitiert. Angesichts der Jungfrau bekundet Ephräm in inspiriertem Ton sein Staunen:

«‹Der Herr trat in sie ein, / um Knecht zu werden.
Das Wort trat in sie ein, / um in ihrem Schoß zu verstummen.
Der Donner trat in sie ein, / um sein Lärmen zum Schweigen zu bringen.
Der Hirt trat in sie ein, / und siehe, das geborene Lamm, das leise weint.
Denn der Schoß Mariens / kehrte die Rollen um:
Er, der alle Dinge geschaffen hat, / nahm ihn in Besitz, aber als Armer.
Der Allerhöchste kam in sie (Maria), / aber er trat ein in Niedrigkeit.
Die Herrlichkeit kam in sie, / gekleidet aber in ärmliche Tücher.

Er, der alle Dinge spendet, / lernte den Hunger
kennen.
Er, der allen zu trinken gibt, / lernte den Durst
kennen.
Nackt und unbekleidet trat er aus ihr hervor, /
er, der alle Dinge (mit Schönheit) kleidet›
(Hymnus *De Nativitate* 11,6-8).»[6]

Hans Urs von Balthasar, ein großer Kenner und Interpret der Kirchenväter, erklärt in seiner *Theodramatik* das Ineinander von Mariologie und Ekklesiologie. Dass die Kirche ‹Mutter› der Christgläubigen werden kann, setzt immer schon voraus, dass Maria den Messias empfangen und zur Welt gebracht hat. So kann ihr der Titel ‹Mutter der Kirche› mit Recht zugesprochen werden. «Niemand hat das schöner ausgedrückt als der Syrer Ephräm, der gleichzeitig auch die ganze Vielschichtigkeit des Verhältnisses dieser Mutter zu diesem Sohn miterkennt:

Ich eifere nicht, mein Sohn, / daß du mit mir
sein wirst
und mit allen. / Sei Gott
für den, der dich bekennt, / und sei Herr
für den, der dir dient, / und sei Bruder
für den, der dich liebt, / damit du alle erlösest.

[6] Benedikt XVI., a.a.O., 171f.

Als du in mir wohntest, / hat in mir und außer mir
deine Majestät gewohnt. / Und da ich dich gebar
sichtbarlich, / ist deine unsichtbare Macht
nicht aus mir gewichen. / Du bist in mir
und du bist außer mir, / o Verwirrer deiner Mutter,

damit ich dein Bild sehe, / jenes äußerliche,
das vor meinen Augen liegt. / Dein unsichtbares Bild
ist geformt in meinem Geist. / In deinem sichtbaren Bild
sah ich Adam. / Und in jenem unsichtbaren
sah ich deinen Vater, / der mit dir vereint ist.

Hast du nur mir / in zwei Bildern
deine Schönheit gezeigt? / (Nein), dein Brot bilde dich
und das Denken! / Wohne im Brot
und in denen, die es essen! / Verborgen und sichtbar
soll deine Kirche dich sehen / wie deine Mutter!»

(*De Nativitate* 16,1-4).[7]

[7] Hans Urs von Balthasar, *Theodramatik* II, 2, Freiburg ²1998, 268.

Überblickt man die Mariologie Ephräms, so sticht ihre ästhetische Durchformung hervor. Wenn Hans Urs von Balthasar die Bedeutung der Mariologie für die theologische Ästhetik wieder herausstellt, so kann der Dichtertheologe Ephräm als sein Ahnherr gelten. «Sofern die Kirche marianisch ist, ist sie eine reine Gestalt und ohne weiteres lesbar und verständlich; sofern der Mensch marianisch (oder, was dasselbe ist, christophor) würde, wäre an ihm das Christliche überhaupt ebenso einfach lesbar und verständlich.»[8]

«Um das Geheimnis Christi zum Ausdruck zu bringen, verwendet Ephräm eine große Vielfalt von Themen, Ausdrucksformen und Bildern. In einem seiner Hymnen verbindet er auf wirksame Weise Adam (im Paradies) mit Christus (in der Eucharistie).» Papst Benedikt XVI. zitiert nun folgende Strophen:

«‹Verschlossen wurde / mit dem Schwert des Cherubs
der Weg / des Baumes des Lebens.
Aber für die Völker / hat sich der Herr dieses Baumes
selbst als Speise hingegeben / in der (eucharistischen) Darbringung.

[8] Hans Urs von Balthasar, *Herrlichkeit* I, Freiburg [4]2019, 541.

Die Bäume des Gartens Eden / wurden dem
ersten Adam als Nahrung gegeben.
Für uns ist der Gärtner / des Gartens selbst
zur Nahrung / für unsere Seelen geworden.
Wir alle waren nämlich / aus dem Paradies
hinausgegangen,
zusammen mit Adam, / der es hinter sich
gelassen hat.
Jetzt, da das Schwert weggenommen ist / von
der Lanze,
dort unten (am Kreuz), / können wir dorthin
zurückkehren.›
(Hymnus 49,9-11)»

«Um über die Eucharistie zu sprechen, bedient sich Ephräm zweier Bilder: der Glut oder der glühenden Kohle und der Perle. Das Thema der Glut ist dem Propheten Jesaja entnommen (vgl. 6,6).» Papst Benedikt sagt weiter: «Es ist das Bild des Seraphs, der die Glut mit der Zange nimmt und damit einfach die Lippen des Propheten berührt, um sie zu reinigen; der Christ hingegen berührt und isst die Glut, die Christus selbst ist:

‹In deinem Brot verbirgt sich der Geist, / der
nicht gegessen werden kann;
in deinem Wein ist das Feuer, / das man nicht
trinken kann.
Der Geist in deinem Brot, / das Feuer in
deinem Wein:

Siehe, ein Wunder, / das von unseren Lippen
aufgenommen wird.
Der Seraph konnte seine Finger nicht der Glut
nähern, / die sich nur dem Mund des Jesaja
näherte;
weder Finger haben sie genommen, / noch
Lippen haben sie geschluckt;
uns aber hat der Herr gestattet, / beides
zu tun.
Das Feuer kam mit Zorn herab, / um die
Sünder zu zerstören,
aber das Feuer der Gnade kommt auf das
Brot herab / und bleibt dort.
Statt des Feuers, / das den Menschen
zerstörte,
haben wir das Feuer im Brot gegessen / und
sind belebt worden›
(Hymnus *De Fide,*10,8-10).

Und noch ein letztes Beispiel aus den Hymnen des heiligen Ephräm, wo er von der Perle als Symbol des Reichtums und der Schönheit des Glaubens spricht:

‹Ich legte (die Perle), meine Brüder, auf meine
Hand, / um sie prüfen zu können.
Ich schickte mich an, sie von der einen und
von der anderen Seite zu betrachten:
sie hatte von allen Seiten ein und dasselbe
Aussehen.

(So) ist die Suche des Sohnes,
undurchschaubar, / weil sie ganz Licht ist.
In ihrer Klarheit sah ich den Klaren, / der nicht undurchsichtig wird;
und in ihrer Reinheit / das große Symbol des Leibes unseres Herrn,
der rein ist.
In ihrer Unteilbarkeit sah ich die Wahrheit, / die unteilbar ist›
(Hymnus *Über die Perle* 1,2-3).»[9]

Abschließend sagt Papst Benedikt XVI.: «Die Gestalt Ephräms ist für das Leben der verschiedenen christlichen Kirchen noch immer sehr aktuell. Wir entdecken ihn vor allem als Theologen, der ausgehend von der Heiligen Schrift poetisch über das Geheimnis der von Christus, dem fleischgewordenen Wort Gottes, gewirkten Erlösung des Menschen nachdenkt. Seine theologische Reflexion wird mit Bildern und Symbolen zum Ausdruck gebracht, die der Natur, dem Alltagsleben und der Bibel entnommen sind. Der Dichtung und den Hymnen für die Liturgie verleiht Ephräm einen didaktischen und katechetischen Charakter; es handelt sich um theologische Hymnen, die sich gleichzeitig für das Gebet oder für den liturgischen Gesang eignen. Ephräm bedient

[9] Benedikt XVI., a.a.O., 174.

sich dieser Hymnen, um anlässlich der liturgischen Feste die Lehre der Kirche zu verbreiten. Mit der Zeit haben sie sich als ein äußerst wirksames katechetisches Mittel für die christliche Gemeinde erwiesen.

Wichtig ist Ephräms Reflexion zum Thema Schöpfergott: Nichts in der Schöpfung ist zusammenhanglos, und die Welt ist neben der Heiligen Schrift eine Bibel Gottes. Wenn der Mensch in falscher Weise von seiner Freiheit Gebrauch macht, stellt er die Ordnung des Kosmos auf den Kopf. Für Ephräm ist die Rolle der Frau bedeutsam. Die Art und Weise, in der er von ihr spricht, ist immer von Einfühlungsvermögen und Achtung inspiriert: Der Aufenthalt Jesu im Schoß Mariens hat die Würde der Frau sehr erhöht. Wie es keine Erlösung ohne Jesus gibt, so gibt es für Ephräm keine Menschwerdung ohne Maria. Die göttlichen und menschlichen Dimensionen des Geheimnisses unserer Erlösung finden sich schon in den Texten Ephräms; auf poetische Weise und mit Bildern, die grundsätzlich der Heiligen Schrift entnommen sind, nimmt er den theologischen Hintergrund und in gewisser Weise selbst die Sprache der großen christologischen Definitionen der Konzilien des 5. Jahrhunderts vorweg.

Ephräm, der von der christlichen Tradition mit dem Titel ‹Zither des Heiligen Geistes› geehrt wurde, blieb sein ganzes Leben lang Diakon seiner Kirche. Es war eine entscheidende und sinnbildliche Wahl: Er war Diakon, das heißt Diener, sowohl im liturgischen Dienst als auch, auf radikalere Weise, in der Liebe zu Christus, der von ihm auf unvergleichliche Weise besungen wurde, und schließlich in der Liebe zu den Brüdern, die er mit seltener Meisterhaftigkeit in die Kenntnis der göttlichen Offenbarung einführte.»[10]

Das Gebet des heiligen Ephräm – kommentiert von Alexander Schmemann

Der vorliegende Kommentar des Gebetes des heiligen Ephräm durch Vater Alexander Schmemann gesellt sich zu den folgenden Werken desselben Autors im Johannes Verlag Einsiedeln: *Aufzeichnungen 1973-1983* (^{2}2013); *Die Eucharistie. Sakrament des Gottesreiches* (^{2}2012); *Das Vater Unser* (^{2}2013); *Die Mutter Gottes* (^{2}2011); *Tod, wo ist dein Sieg?* (2014).

Die russischen Theologen des 20. Jahrhunderts wirkten meistens im Exil. Dazu gehört in erster Linie die Pariser theologische Schule – das theologische Institut des heiligen Sergius von Radonesch, wo ihre markanten und be-

[10] Benedikt XVI., a.a.O., 174.

rühmten Professoren und Dozenten tätig waren: Sergej Bulgakov, Bischof Kassian Bezobrazov, Nikolaj Sjornov, John Meyendorff, Alexander Schmemann u. a. Gerade die Werke dieser hervorragenden religiösen Denker und Theologen spielten eine große Rolle in der religiösen Wiedergeburt in der UdSSR Ende der 80er, Anfang der 90er Jahre. Sie haben in großem Maße dazu beigetragen, dass gebildete Menschen, die als Atheisten erzogen waren, ihren Weg in die Kirche und zum Glauben gefunden haben. Auch heute bleibt ihr schriftliches Erbe in der Welt der orthodoxen Theologie unüberbietbar. Ihr Schrifttum zeichnet sich durch intellektuelle Tiefe sowie umfangreiche und vielfältige Thematiken aus.

Serge Schmemann, der Sohn des großen Theologen, berichtet, dass die Familie im Juni 1951 von Paris nach New York zog, «wo meinem Vater mit nur 29 Jahren damals eine Dozentur am orthodoxen theologischen Institut *St. Vladimir's Orthodox Seminary* angeboten wurde... Zu den schönen Erinnerungen an meinen Vater, Vater Alexander Schmemann, gehören unsere gemeinsamen Besuche der Studios von *Radio Liberty*.»[11] Mehr als dreißig Jahre, bis zum Ende

[11] Vgl. Serge Schmemann, Vorwort zu: Alexander Schmemann, *Tod, wo ist dein Sieg?*, Freiburg 2014, 7.

seines Lebens, hielt Vater Alexander die *Sonntagsgespräche (Voskresnye besedy)* am *Radio Liberty (Radio Svoboda)*, die nach Russland ausgestrahlt wurden. Sein unermüdlicher Dienst an der Verkündigung war ebenso wichtig wie seine Aufsätze und Bücher. Nun gibt es seine Radioansprachen auch in gedruckter Form.[12] Die vorliegende deutsche Übersetzung des Kommentars des Gebetes des heiligen Ephräm des Syrers veranschaulicht uns den apostolischen Eifer dieses Priesters.

Vater Alexander Schmeman (1921-1983), der als offizieller Beobachter der russisch-orthodoxen Kirche am Zweiten Vatikanischen Konzil in Rom teilnahm, beschäftigte sich als Fachmann für Liturgie mit den Ursprüngen der orthodoxen gottesdienstlichen Frömmigkeit, darunter auch mit dem Fastenzeitgebet des heiligen Ephräm des Syrers. Die Autorität des heiligen Ephräm trug dazu bei, dass sein Erbe neu reflektiert und dadurch der Weg zur Auffindung des ‹Geistes der Kirchenväter› gebahnt wurde. Erzpriester Vater Schmemann formuliert den Grund seiner Beschäftigung mit diesem Gebet so: «Dieses Gebet schließt an sich den ganzen Sinn und den ganzen Geist der

[12] Protopresviter A. Šmeman, *Besedy na Radio «Svoboda»*, Moskva 2009.

Fastenzeit ein.» Mit folgenden Worten beschreibt er das Ziel seiner Untersuchung: «Veraltete Sprache, seltsame Worte, die nach weit zurückliegender Vergangenheit klingen und nach dem, was unserem täglichen Leben so fremd und so fern erscheint… Wir versuchen dennoch, durch die Schicht der fernen Vergangenheit zu ihrem Sinn und Kern durchzustoßen, ähnlich wie die Forscher, die vor fünfzig, sechzig Jahren herausfanden, wie man von den frührussischen Ikonen Staub- und Ablagerungsschichten entfernt.» (34) Das heißt, dass die inhaltliche Suche nach Sinn, Wesen und Geist im orthodoxen Gebetsleben für Schmemann zum Hauptanliegen wird, nicht nur in diesem Werk, sondern immer und überall.

Daneben wendet sich Schmemann der Theodizee und der Apologetik gegen die religionskritischen Angriffe zu. Es ist unmöglich, sich der Richtigkeit des eigenen Glaubens bewusst zu sein, ohne die Argumentation der Opponenten richtig zu erfassen. Er bleibt kritisch nicht nur nach innen, der unvernünftigen Religiosität gegenüber, sondern auch nach außen, gegenüber den intellektuellen Gegnern des Christentums. Er veranschaulicht, wie modern und aktuell auch heute die Inhalte dieses Gebets sind, wie sehr die Menschheit die christlichen Tugenden braucht, wie tief sie unter den eigenen Leidenschaften leidet. Antiquität, Altertum sind für Schmemann keine Kriterien der Wahrheit, sondern der ewig lebendige Geist, der in diesen antiken Formen inkarniert ist, der aber immer zukunftsorientiert bleibt, wobei er alle Epochen und Zeitalter in sich einschließt, sofern er der Geist der göttlichen Liebe ist.

Das Gebet des heiligen Ephräm lautet: *«Herr und Herrscher meines Lebens, nimm von mir den Geist des Müßiggangs, des Überdrusses, der Herrschsucht und des hohlen Geredes. Gib mir, deinem Knecht, den Geist der Keuschheit, der demütigen Weisheit, der Geduld und der Liebe. Herr und König, lass mich meine Sünden sehen und meinen Bruder nicht richten, der du gebenedeit bist von Ewigkeit zu Ewigkeit. Amen.»*

Vater Alexander Schmemann hat es in seinen Radioansprachen meisterhaft erklärt. Zu Beginn sagt er allgemein: «Dieses Gebet wird während der Großen Fastenzeit am Schluss jedes Gottesdienstes wiederholt, die Gläubigen beten es zu Hause. Von ihm kann man sagen, dass es besser, schlichter und knapper als alles andere den Sinn und den Geist dessen ausdrückt, was die Christen seit Jahrhunderten die Große Fastenzeit nennen. Und da wir nun am Beginn der Fastentage, dieses geistlichen Frühlings stehen, wollen wir uns in seinen Sinn hinein vertiefen.» (33)

Ja, dieses Gebet wird ausschließlich während der Fastenzeit in allen Gottesdiensten mit drei großen Kniebeugen wiederholt gelesen, mit Ausnahme des Samstags und des Sonntags, die liturgisch gesehen nicht dazu gehören. Es darf in dieser Hinsicht als eines der häufigsten und sinnbildlichsten Gebete betrachtet werden. «Warum nimmt dieses kurze und schlichte Gebet einen so bedeutenden Platz unter den liturgischen Gebeten der Fastenzeit ein?», fragt Schmemann und antwortet: «Es enthält in einer äußerst geglückten Aufzählung all die positiven und negativen Elemente des Bereuens und bietet in gewisser Weise eine ‹Gedächtnisstütze› für unsere persönliche Anstrengung in der Fastenzeit. Diese Bemühung zielt zunächst darauf ab, uns von gewissen grundlegenden spirituellen Krankheiten zu heilen, die unser Leben durchziehen und die es uns praktisch unmöglich machen, daß wir von uns aus damit beginnen, uns Gott zuzuwenden.»[13]

Der russisch-orthodoxe Priester und Theologe geht im Gebet von Wort zu Wort und erklärt behutsam die einzelnen Bitten. Beim Lesen von Schmemanns Auslegung denkt man unweigerlich

[13] Vgl. dazu: Alexander Schmemann, *Die Große Fastenzeit.* Askese und Liturgie in der Orthodoxen Kirche, 2. verbesserte Auflage, Sankt Ottilien 2007, 30.

an die tiefsinnige Deutung des *Gebetes um den Geist* von Hans Urs von Balthasar.[14] Bei beiden Autoren erstrahlt die Weisheit der Kirchenväter, ihre Kenntnis des menschlichen Herzens leuchtet auf.

Vater Schmemann weist auf die schlichte und klare Doppelstruktur des Gebetes hin, auf die inhaltliche Zweiteilung. Im ersten – «negativen» – Teil beten die Gläubigen um die Befreiung von sündhaften Lastern und Leidenschaften, im zweiten – «positiven» – Teil aber um die gnadenhafte Erlangung der christlichen Tugenden. Ist nicht auch das schöne Gebet des heiligen Nikolaus von Flüe in gewisser Hinsicht verwandt mit dem Gebet des heiligen Ephräm? Es wird um ein Doppeltes gebetet: um die Befreiung vom Bösen und um die Bescherung mit dem Guten. Der heilige Nikolaus von Flüe soll der Überlieferung nach diese Verse täglich gebetet haben: *«Mein Herr und mein Gott, nimm alles von mir, was mich hindert zu dir. Mein Herr und mein Gott, gib alles mir, was mich führet zu dir. Mein Herr und mein Gott, nimm mich mir und gib mich ganz zu eigen dir.»*

Darin spiegelt sich die Bekehrung. Die Umkehr ist eine fortwährende Aufgabe für die ganze Kir-

[14] Hans Urs von Balthasar, *Spiritus Creator*, Freiburg ^{3}1999, 472-479.

che und für jeden Getauften. Das Streben nach Umkehr ist nicht nur eine Tat des Menschen. Sie ist die Regung eines «zerknirschten Herzens» (Ps 51,19) unter dem Einfluss der Gnade. Die Bekehrung des Herzens ist eine Abkehr von der Sünde *(aversio a peccato)* und eine Hinkehr zu Gott *(conversio ad Deum)*. Innere Buße ist radikale Neuausrichtung des ganzen Lebens, sie ist Rückkehr, Umkehr zu Gott, indem Gott selber dem Menschen ein neues Herz gibt: eine ‹neue Schöpfung›.

Die Gedanken von Alexander Schmemann wirken auffallend frisch und aktuell. Er überträgt das liturgische Gebet aus dem vierten Jahrhundert ins Heute. Er erweist sich als ein ausgezeichneter Menschenkenner – und zwar im Lichte Jesu Christi, der der einzige Erlöser des Menschen ist. So sagt der heilige Johannes Paul II. in seiner ersten, grundlegenden Enzyklika *Redemptor hominis:* «Christus, der Erlöser der Welt, ist derjenige, der in einzigartiger und unwiederholbarer Weise in das Geheimnis des Menschen eingedrungen und in sein ‹Herz› eingetreten ist. Mit Recht lehrt daher das Konzil: ‹Tatsächlich klärt sich nur im Geheimnis des fleischgewordenen Wortes das Geheimnis des Menschen wahrhaft auf. Denn Adam, der erste Mensch, war das Vorausbild des zukünftigen (Röm 5,14), nämlich Christi des Herrn; Christus, der neue Adam, macht eben in der Offenbarung des Geheimnisses des Vaters und seiner Liebe dem Menschen den Menschen selbst voll kund und erschließt ihm seine höchste Berufung›.»[15] Er ist der Erlöser des Menschen!

Mit Umsicht legt Schmemann die Regungen des Herzens bloß und führt die Zuhörer zur inneren Freiheit. Seine Ansichten ähneln in erstaunlicher Weise den Aussagen des Konzils! Wie wichtig sind doch die Tugenden, um die der Beter flehentlich bittet: «‹Gib mir, deinem Knecht, den Geist der Keuschheit, der demütigen Weisheit, der Geduld und der Liebe…› Und vor allem den Geist der *Keuschheit*, das heißt die Fähigkeit, sich innerlich zu erheben über alles Partielle, über die hoffnungslose Zerrissenheit unseres Lebens, über die Gemeinheit aller den Menschen erniedrigenden Ideologien, über die sklavenartige Unterordnung unter Systeme und Theorien, die seit langem die Schönheit und die Reinheit, die Ganzheit und die Weisheit vergessen haben… Mit diesem Seufzer, mit dieser Wahrnehmung der Keuschheit als der einzigen Lebensgrundlage beginnt die Reue. Hier ist das Herzstück der christ-

[15] Papst hl. Johannes Paul II., Enzyklika *Redemptor hominis* (4. März 1979), Nr. 8, in: AAS 71 (1979).

lichen Sicht des Menschen, seiner königlichen Würde und seiner Berufung» (54).

Und die nächste Tugend: die *Demut.* Sie «ist vor allem Sinn für die Wahrheit. Und in erster Linie Wahrheit über sich selbst... Demut ist Absage an jede Aufbauschung der eigenen Rolle, an jede Selbstverschönerung, sie ist Bewusstsein der eigenen Grenzen, sie ist mutige Annahme meiner selbst so, wie ich bin. Deshalb ist Demut Weisheit, so wie die innere Ganzheit Weisheit ist, deshalb sprechen wir vom *Geist der demütigen Weisheit»* (56f.).

Geduld und *Liebe* gehören zusammen: «Die Geduld ist letztlich Glaube an das Gute, an die Kraft des Guten, Glaube daran, dass das Gute stärker ist als das Böse... Das Christentum ist nicht nur Liebesgebot, sondern Offenbarung und Gabe der Liebe. Liebe wird uns nur deswegen geboten, weil sie uns – noch bevor das Gebot erlassen wurde – *geschenkt* worden ist» (59, 62). Denn «Gott ist Liebe» (1 Joh 4,8). Darin besteht die *Neuheit* des Christentums.

Seine Ansprachen über das Gebet des heiligen Ephräm des Syrers schließt Schmemann mit dem Thema der Liebe ab, weil diese in dessen Gebet als die letzte, als die allumfassende und die vollkommenste christliche Tugend genannt wird. «Die *Neuheit* der christlichen Liebe besteht darin, dass im Neuen Testament der Mensch eingeladen wird, mit der Liebe Gottes zu lieben, die eine gott-menschliche Liebe, Liebe Christi geworden ist.» Vater Alexander verweist darauf, dass die Quelle der wahren Liebe nicht der Mensch ist und die wahre Liebe nicht von ihm ausgeht, sondern von oben stammt: «Diese Gabe der Liebe wird in der Liturgie, die das Sakrament der Liebe ist, gelehrt.» So kann diese Liebe keineswegs ein Produkt des Menschen sein, weswegen man ihr kaum innerpsychologische Wurzeln zuschreiben bzw. vorwerfen darf.

Auch den Glaubenden weist der Theologe den Weg auf: «Wir müssen begreifen, dass wir in die Kirche, zur Liturgie, um der Liebe willen gehen, um der neuen gottmenschlichen Liebe Christi selbst willen, die uns geschenkt wird, wenn wir in Seinem Namen versammelt sind. Wir gehen in die Kirche, damit die göttliche Liebe wieder und wieder ‹in unsere Herzen ausgegossen› wird, damit wir wieder und wieder ‹die Liebe anziehen› (Kol 3,14), damit wir allezeit, den Leib Christi bildend, stets in der Liebe Christi bleiben und sie der Welt offenbaren.» Er will in seiner Auslegung zeigen, dass es auch heute, in den Zeiten der Unruhen, der Totalitarismen und Kriege, eine Hoffnung gibt, eine Hoffnung, die die göttliche heilbringende Liebe bringt. Nur in der Kraft dieser Liebe kann die Welt verklärt und verwandelt werden.

So will der Theologe Schmemann unseren Blick auf Christus, den einzigen Erlöser des Menschen, lenken, auch indem er die liturgische Gebärde der Proskynese erläutert: «Nach jeder Bitte des Gebetes wirft man sich zu Boden. Diese Geste ist nicht auf das Gebet des heiligen Ephräm beschränkt, sondern stellt eines der charakteristischen Merkmale des liturgischen Gebetes der vierzig Tage dar. Hier tritt seine Bedeutung indessen besonders deutlich hervor. In dem langen und schwierigen Bemühen zur spirituellen Erneuerung trennt die Kirche nicht die Seele und den Leib. Der ganze Mensch ist von Gott abgefallen; der ganze Mensch muß wieder hergestellt werden; der ganze Mensch muß zu Gott zurückkehren. Die Katastrophe der Sünde besteht genau in dem Sieg des Fleisches – das Nichtbeseelte, das Irrationale, das Leidenschaftliche in uns – über das Geistliche und Göttliche. Aber der Körper ist verherrlicht, der Körper ist heilig, so heilig, daß Gott selbst ‹Fleisch angenommen hat›. Das Heil und die Reue sind somit nicht Verachtung oder Vernachlässigung des Körpers, sondern seine Wiederherstellung in seiner wahren Funktion als Ausdruck des Lebens des Geistes, als Tempel der menschlichen Seele, die von unschätzbarem Wert ist. Die christliche Askese ist ein Kampf, aber nicht *gegen*, sondern *für* den Körper. Aus diesem Grunde bereut der ganze Mensch – Körper und Seele. Der Körper hat teil am Beten der Seele, ebenso wie die Seele durch den und im Körper betet. Das Sich-Niederwerfen, dieses ‹psychosomatische› Zeichen der Reue, der Demut, der Anbetung und des Gehorsams bildet somit den Fastenritus ‹par excellence›.»[16]

Alexander Schmemanns auf Deutsch vorliegende Auslegung des Gebetes des heiligen Ephräm des Syrers bereichert den Gebetsschatz der Kirche um eine kostbare Perle und ruft uns erneut zu ökumenischen Bestrebungen auf. Die ehrwürdige liturgische Tradition des christlichen Ostens kann uns helfen, erneut «mit beiden Lungen zu atmen».

Das Zweite Vatikanische Konzil sagt in seinem Dekret *Unitatis Redintegratio* über den Ökumenismus: «Es ist allgemein bekannt, mit welcher Liebe die orientalischen Christen die liturgischen Feiern begehen, besonders die Eucharistiefeier, die Quelle des Lebens der Kirche und das Unterpfand der kommenden Herrlichkeit... Im Orient finden sich auch die Reichtümer jener geistlichen

[16] Alexander Schmemann, *Die Große Fastenzeit*, a.a.O., 32.

Traditionen, die besonders im Mönchtum ihre Ausprägung gefunden haben. Denn seit den glorreichen Zeiten der heiligen Väter blühte dort jene monastische Spiritualität, die sich von dorther auch in den Gegenden des Abendlandes ausbreitete und aus der das Ordenswesen der Lateiner als aus seiner Quelle seinen Ursprung nahm und immer wieder neue Kraft erhielt. Deshalb wird mit Nachdruck empfohlen, dass die Katholiken sich mehr mit diesen geistlichen Reichtümern der orientalischen Väter vertraut machen, die den Menschen in seiner Ganzheit zur Betrachtung der göttlichen Dinge emporführen. Alle sollen um die große Bedeutung wissen, die der Kenntnis, Verehrung, Erhaltung und Pflege des überreichen liturgischen und geistlichen Erbes der Orientalen zukommt, damit die Fülle der christlichen Tradition in Treue gewahrt und die völlige Wiederversöhnung der orientalischen und der abendländischen Christen herbeigeführt werde» (*UR* 15).

Bled, am Pfingstsonntag, den 9. Juni 2019
Gedenktag des hl. Ephräm des Syrers

Anton Štrukelj

Über den Müßiggang und den Überdruss

Für die Mehrheit der Gläubigen ist das kurze Gebet des heiligen Ephräm des Syrers, eines der Lehrer des östlichen Christentums aus dem vierten Jahrhundert, der Inbegriff der Großen Fastenzeit – nämlich der sieben Wochen vor Ostern. Dieses Gebet wird während der Großen Fastenzeit am Schluss jedes Gottesdienstes wiederholt, die Gläubigen beten es zu Hause. Von ihm lässt sich sagen, dass es besser, schlichter und knapper als alles andere den Sinn und den Geist dessen ausdrückt, was die Christen seit Jahrhunderten die Große Fastenzeit nennen. Und da wir nun am Beginn der Fastentage, dieses geistlichen Frühlings, stehen, wollen wir uns in seinen Sinn hinein vertiefen.

«Herr und Herrscher meines Lebens, nimm von mir den Geist des Müßiggangs, des Überdrusses, der Herrschsucht und des hohlen Geredes. Gib mir, deinem Knecht, den Geist der

Keuschheit, der demütigen Weisheit, der Geduld und der Liebe. Herr und König, lass mich meine Sünden sehen und meinen Bruder nicht richten, der du gebenedeit bist von Ewigkeit zu Ewigkeit. Amen.»

Veraltete Sprache, seltsame Worte, die nach weit zurückliegender Vergangenheit klingen und nach dem, was unserem täglichen Leben so fremd und so fern erscheint... Wir versuchen dennoch, durch die Schicht der fernen Vergangenheit zu ihrem Sinn und Kern durchzustoßen, ähnlich wie die Forscher, die vor fünfzig, sechzig Jahren herausfanden, wie man von den frührussischen Ikonen Staub- und Ablagerungsschichten entfernt. Das, was dunkel schien – so sehr, dass der bedeutende Schriftsteller Rozanov[1] sein Buch über die Orthodoxie mit *Das dunkle Antlitz* betitelt hat –, strahlte und leuchtete völlig unerwartet von wunderbaren Farben, unerhörter Freude und ungewöhnlichem Licht auf, so dass wir alle unsere Vorstellungen nicht nur von den Ikonen, sondern auch vom geistlichen Stil der Orthodoxie und der frührussischen Religiosität radikal korrigierten. *Farbenfreude*, so wurde dieser Stil genannt.

[1] V. V. Rozanov, *Das dunkle Antlitz. Metaphysik des Christentums*, 1911.

Auf diese Weise können und müssen wir nicht nur mit Ikonen, sondern mit jedem grundlegenden Ausdruck unseres Glaubens verfahren. Seine Widersacher wollen ihn in die Museen verbannen, ihn im Bewusstsein der Menschen endgültig mit Vergangenheit und mit veralteten Ideen und Gefühlen gleichsetzen, sie wollen seine «offensichtliche» Überflüssigkeit herausstellen. Ist er wirklich überflüssig?

Kehren wir zum Gebet des heiligen Ephräm des Syrers zurück. Hören wir uns noch einmal seine Worte an, diese schlichte Bitte eines Menschen, der sich der Unwahrheit seines Lebens bewusst wird und auch dessen, woraus diese Unwahrheit erwächst. «Nimm von mir den Geist des Müßiggangs, des Überdrusses, der Herrschsucht und des hohlen Geredes.»

Zuerst: «Nimm von mir, bewahre mich, beschütze mich, errette mich!» Wovor? Vor scheinbar gewöhnlichen Fehlern, vor einer scheinbar unbedeutenden Sache: vor dem Geist des Müßiggangs. Der heutige Mensch wird sagen: «Was für ein Müßiggang soll es sein, da jeder von der Arbeit erschöpft ist, da das Lebenstempo sich beschleunigt, da ein bisschen Müßiggang gerade das ist, wessen wir am meisten bedürfen?»

Doch gerade darum geht es. Das Wort *Müßiggang* bedeutet in Wirklichkeit etwas völlig anderes als das Nichtstun oder das physische Sich-ausruhen von der Arbeit. Das Wort *müßig* bedeutet vor allem: *leer*. «Errette mich vor dem Geist der Leere!» Und auf einmal sehen wir die unheimlichste Krankheit des menschlichen Geistes, die Leere. Ja, wir arbeiten, wir eilen, wir sind beschäftigt Tag und Nacht. Worin besteht aber der Sinn unserer Eile und Geschäftigkeit? Ist es nicht so, dass in der plötzlichen Stille, die eintritt, wenn wir für eine Minute unerwartet anhalten, die Leere und Sinnlosigkeit unseres Lebens evident wird? Und ein in seiner wahren Schlichtheit beängstigender Vers des Dichters steigt in unserer Erinnerung hoch: «Dein Leben rauschte auf – verrann.»[2] Und vielleicht deswegen betäuben wir uns mit der Arbeit, vielleicht deswegen rauscht auf und verrinnt die ganze Welt, weil alle vor sich selbst und vor den anderen die bodenlose Leere verbergen wollen. In wessen Namen, warum? Und deshalb – wenn wir uns selbst und unser Leben erforschen –, bitten wir um Erlösung, um Bewahrung und Errettung vor dem Urquell alles Bösen, vor der Leere, vor dieser schrecklichen Verödung unserer Seele, in der wir uns so oft befinden.

[2] Aus dem Gedicht «Mein Frühlingstag ging leer zu Ende...» von A. A. Blok, in: Alexander Blok, *Gedichte – Poeme*, München/Zürich 1989, 157.

«Vor dem Geist des Müßiggangs, des Überdrusses.» Das unvermeidliche Resultat des Müßiggangs und der Leere ist *der Überdruss*. Warum betrachteten alle Lehrer des geistlichen Lebens, alle Weisen, die über das Wesen des menschlichen Geistes nachdachten, als die schlimmste Sünde, als das am wenigsten gutzumachende Böse im Menschen immer ausgerechnet den Überdruss? Was ist eigentlich Überdruss?

Kennt nicht etwa jeder von uns ein seltsames Nachlassen der geistigen Energie, eine grundlose Langeweile, die sich plötzlich unseres ganzen Wesens bemächtigt, so dass der strahlendste und hellste Tag dunkel wird? Wir sagen dann: «Den Kopf hängen lassen.» Und tatsächlich, alles neigt sich nach unten, alles «hängt» und in der Seele herrscht auf einmal Dämmerung. Das ist Überdruss.

Freilich, wenn wir uns rechtzeitig besinnen, raffen wir uns auf oder übertönen den Überdruss mit Arbeit oder Alkohol, egal womit. Doch er kommt zurück, er ist immer irgendwo in der Nähe, er wartet auf einen günstigen Augenblick, er bedroht uns von der Ecke aus. Er kommt zurück, weil jeder Mensch im tiefsten Grund seiner Seele weiß – selbst wenn er diese Erkenntnis vor sich selbst versteckt –, wie sinnlos das Leben ist, das in den Tod hinabstürzt. «Also fragen wir beständig, / Bis man uns mit einer Handvoll / Erde endlich stopft die Mäuler – / Aber ist das eine Antwort?»[3] Und wenn diese Erkenntnis durch den Lärm und Trubel des Lebens auf die Oberfläche vordringt, wie sinnlos erscheint uns alles, wie vergeblich, überflüssig und wie unfruchtbar! So wie Pasternak geschrieben hat: «Auch wir werden mit Laterne durch die Wohnungen gehen, und finden, und sterben.»[4]

Und deshalb unsere Bitte: «Errette uns vor dem Überdruss!» Und zwar nicht aus Ratlosigkeit oder Angst heraus, wie die Widersacher der Religion es wähnen. Diese Bitte lehrt den Menschen das Einzige, das seiner würdig ist: sich nicht zu verstecken, sondern dem Überdruss in die Augen zu schauen, um ihn zu bezwingen.

Und jetzt: *Herrschsucht.* Das Gebet geht zur zweiten Gefahr der menschlichen Existenz über, zur zweiten Quelle seiner Tragik. Herrschsucht ist nicht etwa Liebe zur Heimat und zur Führung der Untergebenen. In dieser schlichten und reinen Art begegnet man ihr nicht mehr so häufig. In einer anderen, einer viel abgründigeren Form

[3] Aus dem Gedicht *Zum Lazarus* von Heinrich Heine, *Gedichte 1853 und 1854*.

[4] Aus seinem Gedicht «Ich begriff, alles lebt...», 1936.

aber charakterisiert die Herrschsucht einen jeden von uns und ist Quelle verhängnisvoller Unwahrheit. Die Herrschsucht ist eine solche Beziehung zum anderen, die ihn als Gebrauchsobjekt betrachtet oder, mit anderen Worten, sie ist die Unterwerfung von allem und allen unter *meinen* Vorteil, *meine* Interessen und letztlich unter *mich* selbst als den höchsten und einzigen Wert. Und deswegen wappnet uns das Gebet gegen die Herrschsucht.

Über die Herrschsucht

In der letzten Sendung stellte ich die Frage, ob das Gebet des heiligen Ephräm des Syrers – offenbar das für die Christen zentrale Gebet, da der Priester und die Gläubigen es jeden Tag wiederholen – für den heutigen Menschen einen Sinn und eine Bedeutung haben kann. Und um die Frage zu beantworten, schlug ich vor, über die einzelnen Bitten dieses Gebets nachzudenken.

Wir haben gesehen, dass es schon bei den zwei ersten Bitten, bei der Errettung vor dem Geist des Müßiggangs und des Überdrusses, nicht um beliebige oberflächliche und zufällige Erscheinungen geht und vor allem nicht um unbedeutende Fehler, sondern um etwas wahrhaft

Tiefes, um die Verödung der Seele und um den Überdruss, die zur düsteren und zynischen Wahrnehmung des Lebens selbst führen.

Heute fahren wir fort. Im Gebet der Großen Fastenzeit steht als Nächstes *die Herrschsucht*. Wieder ein auf den ersten Blick archaisches Wort, wieder etwas, das den intellektuellen und geistlichen Interessen des «heutigen Menschen» äußerst fremd ist... Und wenn wir darüber nachdenken? Wird es nicht plötzlich offensichtlich, dass dieses alte Wort oder besser das Phänomen, das es bezeichnet, der geheimnisvolle und gleichzeitig furchtbare Antrieb der gesamten heutigen Wirklichkeit bildet, dass es der Schlüssel zu unserer (wie übrigens auch zu jeder anderen) Epoche ist? Grausame Jahrzehnte einer solchen Herrschsucht, welche die Welt wahrscheinlich nie vorher gesehen hat, beziehen sich nicht auf eine ferne Vergangenheit, sondern auf die unlängst vergangene Zeit, sie lasten immer noch auf unserem erschreckten und verwundeten Gedächtnis.

Der Name dieser Herrschsucht lautet: Stalin und Stalinismus. Die Historiker werden womöglich noch Jahrhunderte lang das schreckliche Rätsel dieses Phänomens zu lösen versuchen und eine rationale Erklärung, die man aus den verschiedensten objektiven und subjektiven Ursachen ableiten kann, dafür suchen. Die Kirche indessen erklärte es schon vor tausend Jahren, indem sie kurz und schlicht die geistigen Ursachen und die Folgen der inneren Haltungen aufzeigte, die dazu führen. Und sie bezeichnet sie in ihrem Gebet für die Große Fastenzeit als Leere, Überdruss, und dann auch als unvermeidliche Herrschsucht, das heißt Leidenschaft und unüberwindliche Machtgier. Was wollte Stalin, um es genauer auszudrücken, wonach strebte er mit krankhaftem Begehren? Nach absoluter Macht über alle anderen Menschen, nach uneingeschränkter Anerkennung nicht nur als politischer Führer, sondern als «Autorität und Lehrer» in allen erdenklichen Lebensbereichen. Wozu hat das alles geführt? Zu einem allgemeinen Horror und zur blutigen Sinnlosigkeit, die bis heute jede Vorstellungskraft übersteigen.

Man sagt: Größenwahn. Woher aber kommt dieser Wahn? Die Antwort drängt sich von selbst auf. Geheimnisvoll, aber unaufhaltsam wächst er aus der Leere, aus dem Überdruss, von denen die erste Bitte des Gebetes für die Große Fastenzeit spricht. Wenn der Mensch kein Ideal hat, das er von außen und von oben als eine unabänderliche Inspiration und Norm empfängt, als ein inneres und in sich selbst evidentes Gesetz, das ihm sagt: «Das ist gut, das ist böse», dann wird er selbst früher oder später zu einer solchen

Norm, zu einem solchen Gesetz. Unter diesem Gesichtspunkt ist Stalin keine Ausnahme: In jedem von uns schlummert ein kleiner Stalin und Stalinismus erscheint als ein alltägliches Phänomen. Im Zustand der geistigen Verödung und im zynischen Überdruss, die jeden Impuls zum Guten vernichten, bleibt in der Seele einzig der bloße Wunsch, das eigene Ich zum Herrn von allem und zum einzigen Lebensinhalt zu machen. Stalin ist nur in dem Sinn eine Ausnahme, dass er das in einem globalen Maßstab verwirklicht hat, indem er sein Ich zum Lebensinhalt und zur Lebensnorm für viele Millionen gemacht hat. Der Unterschied besteht hier aber in der Quantität, nicht in der Qualität. Wenn es in meinem Leben keinen Herrn und Herrscher gibt, dann mache ich mich selbst zum Herrn und Herrscher. Das ist die Quelle der anderen Seite der Herrschsucht, die Weigerung, das selbständige Leben der anderen zu akzeptieren.

In der Herrschsucht gibt es keinen Strahl der Freude und des Glücks. Schon die Tatsache, dass es auf der Welt jemanden gibt, der so lebt, wie er selbst will, bildet für den nach dem Beherrschen Süchtigen eine Quelle ständiger Angst, Unruhe und dunklen Hasses. Dieser Zustand kann sich in Verachtung der Menschen äußern, in Gleichgültigkeit gegenüber ihrem Schicksal, im Verschwinden des natürlichen Gefühls der menschlichen Solidarität, und folglich im Herausfallen aus der Liebe. Er ist imstande, mich auf den Weg der aktiven und sogar, wie im Fall von Stalin, skrupellos pathetischen Vernichtung der anderen Person zu bringen, zum Drang sie zu zertreten, um sie als bloßen Schatten *meines eigenen* Lebens zurückzulassen.

Und wenn wir über die Herrschsucht sprechen, kommen wir fast automatisch zur letzten «negativen» Bitte des Gebetes für die Große Fastenzeit, die vom *Geist des hohlen Geredes* spricht. Falls man nämlich überhaupt etwas mit der blutigen Brutalität der stalinistischen Ära vergleichen kann, dann ihr globales leeres Gerede. All die Millionen verlogener und hohler Bücher über Stalin, all das in seiner Niederträchtigkeit und – abermals – Leere klebrige Lob: wo sind sie jetzt, was ist von ihnen geblieben? Nichts. Sie selbst sind das Zeugnis ihrer eigenen Leere und Lüge.

Nein, es ist noch zu früh, mit dem Gebet für die Große Fastenzeit abzurechnen, es aus der Gegenwart zu verbannen, denn in ihm wird über den Menschen alles gesagt, was man über ihn sagen kann und muss. In diesem Gebet wird ein für allemal, so kann man es ausdrücken, die Logik des sündigen Weges vorgestellt: zuerst innere Leere, dann Überdruss, dann Machtgier, dann leere Worte. Ist es nicht ein in seiner Knappheit erschreckendes Porträt unserer Zeit? Ist nicht das die Wurzel all dessen, was auch heute, nach Stalin, immer noch das Leben vieler Menschen bewegt und die Welt mit Angst und Entsetzen erfüllt? Was lässt sich darauf antworten?

Über das hohle Gerede

Wie ich schon gesagt habe: Das Gebet des heiligen Ephräm des Syrers umschließt den ganzen Geist und den ganzen Sinn der Großen Fastenzeit als der Zeit der inneren Einkehr, der Umwertung des Lebens im Licht der höheren geistigen Wahrheit und der Vollkommenheit, zu der der christliche Glaube uns einlädt. Hinter jedem Wort, hinter jeder Bitte dieses Gebetes steht nicht nur diese oder jene Eigenschaft, sondern stehen ganze Schichten unserer Existenz, Schichten, die wir im Trubel und in den Sorgen des Lebens so oft schlichtweg vergessen.

Ich habe bereits gesagt, was im Licht dieses Gebetes Müßiggang, Überdruss und Herrschsucht bedeuten. Ich habe darüber gesprochen, wie jeder dieser Begriffe den grundlegendsten, tiefsten Versuchungen unseres Bewusstseins und unseres Willens entspricht, wie er mit der

Weise, wie wir andere Menschen und das ganze Leben betrachten, in Beziehung steht.

Es bleibt noch ein Stoßseufzer dieses Gebetes, und zwar ein Stoßseufzer über den Geist des hohlen, das heißt des leeren Geredes. Und wieder kann das hohle Gerede als ein kleiner, belangloser Fehler erscheinen: Was ist schon schlimm am gewöhnlichen Geplauder, an der Vorliebe für geistreiche Wendungen? Wir sind ja alle Menschen, Menschenkinder, wir sündigen alle auf diese Weise, und es gibt zweifellos viel schlimmere Sünden. Das ist unsere Ansicht, so haben wir uns alle angewöhnt zu denken.

Im Evangelium aber wird gesagt: «Von jedem nichtsnutzigen Wort, das die Menschen reden, davon werden sie Rechenschaft am Tage des Gerichts zu geben haben» (Mt 12,36). So müssen wir doch anfangen zu überlegen, ob sich mit dem hohlen Gerede wirklich alles so einfach und harmlos verhält. Und jeder, der über das eigene Leben nachdenkt, wird sofort feststellen, dass gerade Worte – seine eigenen wie auch die anderer – das meiste Leid und das meiste böse Blut gebracht haben, die meisten Minuten, Stunden und Tage vergiftet haben.

Denunziation, Intrige, Verleumdung, Verrat, Lüge, Geschwätz: Alle diese grässlichen Dinge werden durch das Wort und nur durch das Wort vollbracht. Schon ein einziges Wort lässt uns seine furchtbare Kraft spüren. Durch das Wort werden das Gute, die Schönheit und die Weisheit zum Ausdruck gebracht und geschaffen, durch das Wort werden sie auch vernichtet. Ein Wort kann die Seele vergiften, sie mit Argwohn, Angst und Bosheit, mit Hass und Zynismus erfüllen. Und das alles natürlich nicht nur im persönlichen und privaten Leben: Wir leben in einer Epoche des wahrhaft globalen leeren Geredes namens Werbung. Zeitungen, Radio, Bücher, Schulen: Lauter Symbole und Werkzeuge eines kolossalen, nie abreißenden leeren Geredes, das aufgeboten wird, uns die Köpfe einzuschlagen, sie mit fremden Gedanken zu füllen, uns zu zwingen, so zu denken, wie es berühmte «Herrscher über das Denken» wollen. Ohne zu übertreiben kann man sagen, dass die Welt krank und vergiftet ist vom leeren Gerede, das letztlich immer Lüge ist.

Das Christentum betrachtet die Gabe des Wortes als höchste, wahrhaft göttliche Gabe an den Menschen. Das Christentum stellt den Menschen als das wortmächtige Geschöpf den wortlosen Kreaturen gegenüber. Gott selbst bezeichnet es als das Wort, wenn es sagt: «Im Anfang war das Wort, und das Wort war bei Gott, und Gott war das Wort» (Joh 1,1). Doch gerade weil das Christentum das Wort so hoch veranschlagt und es mit allergrößter schöpferischer Kraft ausstattet, sieht es im leeren Gerede einen Verrat des Wortes an ihm selbst, eine Umwandlung des Wortes vom Werkzeug des Guten und des Lichtes ins Werkzeug des Bösen und der Finsternis. Da steht noch einmal: «Von jedem nichtsnutzigen Wort, das die Menschen reden, davon werden sie Rechenschaft am Tage des Gerichts zu geben haben», und «nach deinen Worten wirst du gerechtgesprochen werden, und nach deinen Worten wirst du verurteilt werden» (Mt 12,36-37). Wie viele Schriftsteller würden ihr Leben geben für die Möglichkeit, aus ihrem Werk diese oder jene Seite auszustreichen, sie als nie dagewesene, nie geschriebene zu vernichten! Und jeder von uns würde alles drangeben, um ein Wort, das das Leben von jemandem verdorben hat, unausgesprochen werden zu lassen!

Das alles müssen wir bedenken, um zu verstehen, warum das Gebet Ephräms des Syrers das leere Gerede zusammen mit Müßiggang, Überdruss und Herrschsucht als die vier Hauptsünden, die Grundvergehen aufzählt. Es ist ein Gebet über die Reinigung des Wortes, über die Durchdringung des Wortes mit der Kraft des Guten, über die Befreiung des Wortes von der Lüge, die es wie ein Krebs zerfrisst. Doch wie schwer ist es, das alles in die Tat umzusetzen! In unserem Gedächtnis ist die Zeit noch lebendig, als alles, was in unserem Land gesprochen und gedruckt wurde, mit scheußlicher Lüge, Verstellung und Servilität gefüllt oder mindestens davon gezeichnet sein musste, eine Zeit, in der das Wort Gegenstand von Scham und Entsetzen war. Wenn wir mit den Worten Ephräms des Syrers beten, sollten wir erneut den vollen bitteren Geschmack dieses unterjochten Wortes verspüren und wenigstens in uns selbst, im eigenen Leben den Kampf für das lautere und ehrliche, für das gute und klare Wort beginnen.

Mit der Reinigung des Wortes, mit seiner Wiederherstellung in der ursprünglichen Kraft und Reinheit beginnt die Reinigung und Erneuerung des Lebens. Nicht von ungefähr gibt es den Ausdruck «jedes Wort auf die Waagschale legen». Ja, auf die Waagschale legen! Doch nicht nur auf die Waagschale des praktischen Nutzens, sondern auf die Waage der Wahrheit. Daran erinnert uns, dazu lädt uns das Gebet des heiligen Ephräm des Syrers ein.

Und sofort danach geht das Gebet weiter zur Bitte um das, was uns am meisten fehlt: «Gib mir, deinem Knecht, den Geist der Keuschheit, der demütigen Weisheit, der Geduld und der Liebe.» Vier Fehler, vier Gefahren, vier Entartungen, und jetzt vier positive Hauptdimensionen der inneren

Welt, die unser Menschsein bilden und beschützen, diese Schönheit des Menschen, über die Erstaunliches in einem Kirchenlied gesungen wird: «Ein Bild deiner unaussprechlichen Herrlichkeit bin ich, obwohl ich Wunden der Sünden trage.» Worin drückt sich diese unaussprechliche Herrlichkeit aus?

Über die Keuschheit

Heute setzen wir die Auslegung des Gebetes des heiligen Ephräm des Syrers fort, eines Gebetes, in dem die Kirche, wie ich schon in den vorausgehenden Sendungen gesagt habe, ihr Verständnis und ihre Erfahrung der Großen Fastenzeit zum Ausdruck gebracht hat. Die Große Fastenzeit ist eine Zeit der Reue, Zeit, in der jeder von uns sein bisheriges Leben neu bewertet. Nicht nur auf der Oberfläche, sondern in der Tiefe, in jener Schicht unserer Seele und unseres Bewusstseins, wo wir wirklich eine Wahl treffen, wo wir uns entscheiden, wofür und wie wir leben. Diese Reue und diese Umwertung sind in diesem Gebet formuliert, das die Gläubigen jeden Tag wiederholen, anhand dessen sie lernen sich zu prüfen, und das somit als eine Art geistlich-moralischer Stimmgabel dient.

In den vorausgegangenen Sendungen sprach ich über die ersten, sozusagen «negativen» Bitten des Gebetes des heiligen Ephräm des Syrers und bemühte mich zu zeigen, dass in jeder dieser Bitten nicht nur ein Fehler angesprochen wird, sondern eine ganze Dimension, eine ganze Schicht des Bösen, das dauernd unser Leben entstellt. Heute kommen wir zu den positiven Bitten.

Wir wissen schon, welche Abgründe sich hinter solchen scheinbar harmlosen Sünden wie Müßiggang, Überdruss, Herrschsucht und hohles Gerede verbergen. Schauen wir jetzt, was ihnen das Gebet Ephräms des Syrers oder, genauer, das Christentum, die christliche Idee über den Menschen, entgegenstellt.

Das Erste, worum wir bitten, ist der Geist der *Keuschheit*. Welch ein wunderbares, welch ein wunderschönes Wort! Gewöhnlich wird es lediglich mit dem Begriff der sexuellen Reinheit gleichgesetzt: Keuschheit als Gegensatz zur Unzucht. Der ursprüngliche, der wirkliche Sinn dieses Wortes aber ist unermesslich tiefer. Es setzt sich nämlich aus zwei Worten zusammen: aus *ganz* und *weise*.[5] Und wahrscheinlich drückt kein an-

[5] Der russische Ausdruck für Keuschheit – *celomudrije (celo-mudrije)* – leitet sich von *celyj* (ganz) und *mudryj* (weise) ab. Das deutsche Wort *Keuschheit* gibt die Ety-

deres Wort in solcher Vollständigkeit etwas vom Unergründlichsten und Höchsten im christlichen Verständnis des Lebens aus. *Das Ganze* ist das Gegenteil von allem Partiellen, von allem, was herausgerissen, abgetrennt oder abgesondert vom Ganzen ist. Ganz, ganzheitlich: Ja, gerade hier, in diesem Durst, in dieser Schau des Ganzen und des Ganzheitlichen als des Gewünschten besteht der grundlegende Pathos des Christentums. Jede Sünde, alles Böse ist immer und vor allem Aufteilung, Verletzung der Ganzheit, eigenwillige Auswahl eines Teiles an Stelle des Ganzen.

Jede Sünde, alles Böse ist immer Verengung, Abfall, Abstieg. Ein Mensch, der von der Leidenschaft beherrscht wird – jeder beliebigen Leidenschaft, angefangen bei der kleinsten Passion bis zum allesverschlingenden Feuer der sogenannten ‹großen Sucht› –, ist ein Mensch, der sich selbst als Ganzheit verloren hat, der sein gesamtes Ganzes irgendeinem Teil unterworfen hat. Und wenn ein Teil sich mit dem Ganzen verwechselt, wird der Mensch krank, geschädigt, verelendet. In der Verletzung der Ganzheit, in der Unterwerfung seiner selbst unter etwas Partielles

mologie des russischen Begriffs nicht wieder. (Anm. d. Übers.)

sieht das Christentum den Fall des Menschen, seine Sünde. Und Christi Einladung ist dann eine Einladung an den Menschen, seine Ganzheit wiederherzustellen, zum vollen Menschsein zurückzukehren.

Ganzheit aber führt zur *Weisheit*. Und wieder, wir müssen den riesigen Unterschied zwischen Klugheit und Weisheit verstehen. Ein Verbrecher oder ein von der Leidenschaft Besessener oder jeder, der einen Teil und das Paritelle zum Nachteil des Ganzen gewählt hat, kann ein sehr kluger Mensch bleiben. Man sagt sogar, dass bei einem Verbrecher, der sich völlig der bösen Absicht unterwirft, und genau so bei einem Menschen, der mit allen Kräften nach der Stillung seiner Begierde strebt, der Verstand besonders scharf und klar arbeitet. Man kann ein sehr gescheites Buch über Unsinn schreiben und man kann sehr gescheit im Bösen sein. Doch weder im Bösen noch in der Leidenschaft noch in jedem beliebigen Partiellen, Zersplitterten oder Verkleinerten kann man weise bleiben. Weisheit ist möglich nur dort, wo Ganzheit herrscht, wo weder das Auge noch das Herz noch das Gewissen noch das Bewusstsein vom Eigensinn des Partiellen vergiftet ist. Keuschheit, *celo-mudrije*, das heißt die ganzheitliche Weisheit und die Weisheit der Ganzheit, ist die Grundlage, ist die tiefe Inspiration der christlichen Auffassung vom Menschen. Und diese Grundlage, der Geist der Keuschheit ist das wichtigste Anliegen des Gebetes während der Großen Fastenzeit, wenn es uns von den negativen Bitten zu den positiven hinüberleitet und uns die Fülle und Ganzheit vor Augen stellt, die wir in uns unentwegt verletzen und schädigen durch Müßiggang, Überdruss, Herrschsucht und hohles Gerede.

Wir müssen jedoch über die individuelle menschliche Existenz hinausgehen. Wir müssen begreifen und wahrnehmen, dass es im Leben im Allgemeinen wenig Keuschheit gibt, dass das gesellschaftliche und politische Leben wie auch unser Familienleben ebenso vergiftet ist, ebenso geschädigt durch das Fehlen von Keuschheit, nämlich geschädigt durch jene Sucht, die das Ganze abwertet und verarmen lässt, indem sie einen Teil als das Ganze hinstellt, und diesem Teil das Ganze unterordnet. Vor unseren Augen siegen Ideologien, die in ihrer Grundlage die Keuschheit ablehnen, die uns als die absolute Wahrheit, als die jüngste Schlussfolgerung «der führenden zukunftsorientierten Wissenschaft» ein monströs verstümmeltes Menschenbild verkünden und aufdrängen. Das ist eine Reduktion des Menschen auf das Materielle, auf die Wirtschaft und auf die Produktion; das ist eine Reduktion des gesamten Lebens und der gesamten Geschichte auf den «Klassenkampf»; das ist eine Reduktion des Lebensideals auf ein freudloses, seelenloses gesellschaftliches Paradies. Was ist das alles, wenn nicht Ablehnung der Keuschheit, wenn nicht Abkehr von der Ganzheit und der Weisheit? Wie notwendig ist deshalb der tiefe Seufzer über die Keuschheit und die Wehmut, der Wunsch zu ihr zurückzukehren!

«Gib mir, deinem Knecht, den Geist der Keuschheit, der demütigen Weisheit, der Geduld und der Liebe...» Und vor allem den Geist der Keuschheit, das heißt die Fähigkeit, sich innerlich zu erheben über alles Partielle, über die hoffnungslose Zerrissenheit unseres Lebens, über die Gemeinheit aller den Menschen erniedrigenden Ideologien, über die sklavische Unterordnung unter Systeme und Theorien, die seit langem die Schönheit und die Reinheit, die Ganzheit und die Weisheit vergessen haben.

Mit diesem Seufzer, mit dieser Wahrnehmung der Keuschheit als der einzigen Lebensgrundlage beginnt die Reue. Hier ist das Herzstück der christlichen Sicht des Menschen, seiner königlichen Würde und seiner Berufung.

Über die demütige Weisheit und die Geduld

In der letzten Sendung habe ich versucht, die wunderbare Tiefe der ersten positiven Bitte im Gebet des heiligen Ephräm des Syrers, den wahrlich allumfassenden Sinn der Keuschheit als der ganzheitlichen Weisheit und der weisen Ganzheit aufzuzeigen. Kommen wir heute zur zweiten Bitte, zum Flehen um den Geist der Demut.

Wenn man die Worte *demütige Weisheit* ausspricht, spürt man sofort, in welchem Maße sie unserem heutigen Leben, dem Geist der Gegenwart fremd sind. Was für eine demütige Weisheit, was für eine Demut, wenn das ganze Leben heute scheinbar auf durchgehender Selbstanpreisung, auf Pathos der äußeren Kraft, Größe, Macht und so weiter aufgebaut wird! Der Geist der Selbstanpreisung durchdringt von oben nach unten nicht nur das politische und staatliche, sondern auch das private Leben. Die ganze Zeit bringen wir den Kindern bei, sich mit etwas zu brüsten, nie aber ermahnen wir sie oder gar uns selbst, demütig zu sein.

Eine der Hauptbeschuldigungen, die unterdessen seit Jahrzenhnten von Seiten des militanten Atheismus gegen das Christentum immer wieder erhoben wird, ist die, dass das Christentum Demut lehrt und zur Demut als der Haupttugend auffordert. Die Religion der Christen, so behaupten die Atheisten, predigt Knechtschaft, sie erniedrigt und wertet den Menschen ab, weil sie auf Demut aufgebaut ist. In allen diesen Beschuldigungen hat erstaunlicherweise niemand je erklärt, was das Christentum tatsächlich lehrt, wenn es über die Demut spricht, und in welchem Sinne diese Demut den Menschen erniedrigt und abwertet. Christus sagt Folgendes über sich selbst: «Denn ich bin sanftmütig und von Herzen demütig» (Mt 11,29). Schwerlich kann man ihm aber vorhalten, dass er sich jemandem blind unterwirft, dass er sich dem Bösen gegenüber gleichgültig verhält, dass er vor den Mächtigen dieser Welt Angst hat. Da steht er vor Pilatus und sagt ihm schlicht und unmissverständlich: «Du hättest keine Macht über mich, wenn sie dir nicht von oben her gegeben wäre» (Joh 19,11). Es gibt offenbar Demut und Demut. Und bevor man sie geißelt, sollte man sich verständigen, von welcher Demut die Rede ist und was christliche Demut bedeutet.

Demut ist vor allem Sinn für die Wahrheit. Und in erster Linie Wahrheit über sich selbst. Wahrheit aber erniedrigt nie, sie wertet nie ab. Vielmehr erhöht sie immer und reinigt. Demut ist Absage an jede Aufbauschung der eigenen Rolle, an jede Selbstverschönerung, sie ist Bewusstsein der eigenen Grenzen, sie ist mutige Annahme meiner selbst so, wie ich bin. Deshalb ist Demut Weisheit, so wie die innere Ganzheit Weisheit ist, deshalb sprechen wir vom *Geist der demütigen Weisheit*.[6] Nur wer nicht lügt, nicht prahlt, nicht anders erscheinen will als er in Wirklichkeit ist, und dabei ruhig und mutig seine Arbeit verrichtet, besitzt wahre Weisheit. Und von diesem Gesichtspunkt aus wertet das Christentum, indem es Demut predigt und sie an die erste Stelle des echten Menschseins stellt, den Menschen nicht ab, sondern erhöht ihn. Denn Selbstlob braucht nur der, dem etwas fehlt, nur ein Entstellter muss sich verschönern, nur ein Schwacher rühmt sich unentwegt seiner Kraft. Wo Freiheit herrscht, dort braucht man keine Manipulation, wo es echte Kraft gibt, dort braucht man keine Drohungen, wo echte Schönheit, dort braucht man keinen erbärmlichen protzigen Schmuck. Demütige Weisheit ist das, was der heutigen Welt und dem heutigen Menschen so sehr fehlt, das, wonach der Mensch – ohne sich dessen bewusst zu sein und doch schmachtend in der Welt der Lüge und des Selbstlobes – sich am meisten sehnt.

[6] Der russische Ausdruck für Demut – *smirennomudrije* – wird von *smirennyj* (demütig) und *mudryj* (weise) abgeleitet. (Anm. d. Übers.)

Nach der demütigen Weisheit folgt im Gebet Ephräms des Syrers *die Geduld.* Auch in diesem Zusammenhang treffen wir wieder auf eine der klassischen Anschuldigungen der Religion: Religion predigt Geduld, und so untergräbt sie im Menschen die Fähigkeit, für seine Rechte und für eine gerechte Weltordnung zu protestieren und zu kämpfen. Und da die Religion selbst erfunden wurde, um die Schwachen auszubeuten, ist Geduld für sie unentbehrlich, damit sie die Schwachen besser unter Gehorsam halten kann.

Hier können wir aber wieder an Christus erinnern. Ja, er hat Geduld gelehrt: «Durch standhaftes Ausharren werdet ihr euch das Leben gewinnen» (vgl. Lk 21,19). Das sind Christi Worte, das ist Christi Lehre. Doch das, was Christus standhaftes Ausharren genannt hat, ist so weit von der Karikatur der Geduld in den atheistischen Broschüren entfernt, wie die christliche Nächstenliebe von der Liebe zum «Fernen» und zum unpersönlichen Kollektiv, in deren Namen Millionen von Nächsten die Freiheit einbüßen.

An der Basis der christlichen Geduld liegt keinerlei Gleichgültigkeit in Bezug auf das Böse und das Leid, sondern vor allen Dingen, wie seltsam es auch klingen mag, ein stark ausgeprägter Sinn für das Vertrauen in den Menschen. In unseren Gebeten nennen wir Gott *langmütig,* während jeder von uns ständig über andere endgültige Urteile abgibt: dieser ist dumm, jener ist perfid, der wiederum ist ein Mistkerl. Und wie schlecht kennen wir dabei das Innere dessen, über den wir so rasch und so bedingungslos urteilen, wie oberflächlich sehen wir es und wie wenig fühlen wir mit! Wie oft machen unsere Urteile das Übel noch ärger und bringen den Menschen geistig um! Die Geduld ist letztlich der Glaube an das Gute, an die Kraft des Guten, Glaube daran, dass das Gute stärker ist als das Böse. Wer nicht an das Gute glaubt, wird nie mit einem anderen Menschen Geduld haben. Er wird sich entweder von ihm abwenden und aufgeben oder, falls er Macht hat, sich bemühen, ihn auf diese oder jene Weise aus dem Wege zu schaffen, zu liquidieren, zum Verschwinden zu bringen. Deswegen ist das, was die Atheisten über die christliche Verkündigung der Geduld behaupten, pure Lüge und Karikatur.

Und nun, da wir uns dem Ende der «positiven» Bitten nähern, entdecken wir das, was sie alle eint, was ihnen den endgültigen Sinn gibt und sie mit Kraft erfüllt. «Gib mir, deinem Knecht, den Geist der Keuschheit, der demütigen Weisheit, der Geduld und der Liebe.» Liebe – sie ist der Schlussakkord des Gebetes für die Große Fastenzeit, sein innerer Antrieb und auch sein Ziel.

Über die Liebe

Wir haben uns so sehr an den Ausdruck *christliche Liebe* gewöhnt, wir haben so viele Ermahnungen und Predigten darüber gehört, dass es uns schwer fällt, die ewige *Neuheit*, die Außerordentlichkeit dessen, was in diesen Worten enthalten ist, zu erfassen. Der Herr selbst verweist auf diese Neuheit in seinen Abschiedsreden an die Jünger: «Ein *neues* Gebot gebe ich euch, dass ihr einander lieben sollt» (Joh 13,34). Liebe aber, den Wert und die Erhabenheit der Liebe kannte die Welt schon vor Christus. Finden wir nicht im Alten Testament zwei Gebote über die Liebe zu Gott (Dt 6,5) und zum Nächsten (Lev 19,18), von denen der Herr gesagt hat, dass an ihnen das ganze Gesetz und die Propheten hängen (Mt 22, 40)? Worin besteht also die Neuheit dieses Gebotes, die Neuheit nicht nur in dem Augenblick, als der Erlöser diese Worte aussprach, sondern die Neuheit für alle Zeiten, für alle Menschen, Neuheit, die nie aufhört neu zu sein?

Um auf diese Frage zu antworten, reicht es, an ein entscheidendes Merkmal der christlichen Liebe zu erinnern, so wie es im Evangelium genannt wird: «Liebet eure Feinde» (Lk 6,27). Denken wir daran, dass diese Worte nichts anderes beinhalten als die unerhörte Forderung, die zu lieben, die wir gerade nicht lieben? Und deswegen hören sie nicht auf, uns zu erschüttern, zu erschrecken und vor allem uns zu richten. In der Tat, gerade weil dieses Gebot unerhört neu ist, verwechseln wir es oft mit unserer listigen, menschlichen Auslegung: Wir sprechen von Geduld, vom Respekt vor fremder Meinung, vom Vergessen des Unrechts und von Vergebung. Doch wenn auch alle diese Tugenden an sich hervorragend sind, selbst alle zusammen ergeben sie noch keine Liebe. Das *neue* im Evangelium verkündete Gebot verwechseln wir deshalb ständig mit dem *alten* Gebot, mit der Liebe zu denen, die wir sowieso menschlich lieben, mit der Liebe zu Verwandten, Freunden oder Gleichgesinnten. Dabei vergessen wir, dass über diese bloß natürliche menschliche Liebe im Evangelium gesagt wird: «Wer Vater oder Mutter mehr liebt als mich, ist meiner nicht wert, und wer Sohn oder Tochter mehr liebt als mich, ist meiner nicht wert» (Mt 10,37); und «wenn jemand zu mir kommt und nicht seinen Vater und seine Mutter, sein Weib und seine Kinder, seine Brüder und seine Schwestern, ja sogar sein eigenes Leben hasst, so *kann er nicht* mein Jünger sein» (Lk 14,26). Und wenn zu Christus Kommen das Halten seiner Gebote bedeutet, dann ist christliche Liebe offenbar nicht nur bloße Steigerung, Ausweitung und «Krönung» der natürlichen Liebe, sondern unterscheidet sich radikal von ihr und stellt sich ihr sogar entgegen. Sie ist tatsächlich eine *neue Liebe*, die in der Welt nicht ihresgleichen hat.

Wie können wir ein solches Gebot erfüllen? Wie können wir die lieben, die wir nicht lieben – nicht nur Feinde im eigentlichen Sinn, sondern einfach Fremde, Fernstehende, solche, zu denen wir keine Beziehung haben, all die, die uns das Leben unentwegt in den Weg stellt?

Es gibt nur eine Antwort. Ja, dieses Gebot wäre ungeheuer und unmöglich, wenn das Christentum nur im Liebesgebot bestünde. Das Christentum ist jedoch nicht nur Liebesgebot, sondern Offenbarung und Gabe der Liebe. Liebe wird uns nur deswegen geboten, weil sie uns – noch bevor das Gebot erlassen wurde – *geschenkt* worden ist.

Nur «Gott ist Liebe» (1 Joh 4,8). Nur Gott liebt mit der Liebe, von der das Evangelium spricht. Der Mensch kann nicht so lieben, weil diese Liebe Gott selbst ist, Seine göttliche Natur. Und nur in der Menschwerdung, in der Vereinigung von Gott und Mensch, das heißt in Jesus Christus, Sohn Gottes und Sohn des Menschen, wird die Liebe Gottes selbst, oder besser Gott-Liebe selbst, den Menschen offenbart und geschenkt. Die *Neuheit* der christlichen Liebe besteht darin, dass im Neuen Testament der Mensch eingeladen wird, mit der Liebe Gottes zu lieben, die eine gott-menschliche Liebe, Liebe Christi geworden ist. Nicht im Gebot besteht die Neuheit der christlichen Liebe, sondern darin, dass *die Erfüllung des Gebotes möglich geworden ist.*

In der Vereinigung mit Christus in der Kirche durch die Sakramente der Taufe und des Empfangs Seines Leibes und Seines Blutes erhalten wir das Geschenk Seiner Liebe, nehmen wir teil an Seiner Liebe, und sie ist es, die in uns lebt und liebt. «Die Liebe Gottes ist in unsere Herzen ausgegossen durch den Heiligen Geist, der uns verliehen worden ist» (Röm 5,5), und Christus hat uns aufgetragen, in Ihm und in Seiner Liebe zu bleiben: «Bleibt in mir, so bleibe ich in euch ... ohne mich könnt ihr nichts vollbringen ... bleibet in meiner Liebe!» (Joh 15,4-5.9). In Christus bleiben heißt in der Kirche sein, die das den Menschen mitgeteilte und geschenkte Leben Christi ist, und die deshalb durch die Liebe Christi lebt und in Seiner Liebe bleibt. Die Liebe Christi ist der Anfang, der Inhalt und das Ziel des Lebens der Kirche. Sie ist ihrem Wesen nach das einzige – weil alles übrige umfassende – Kennzeichen der Kirche: «Daran werden alle erkennen, dass ihr meine Jünger seid, wenn ihr Liebe untereinander habt» (Joh 13,35). In der Liebe ist die *Heilig-*

keit der Kirche, weil die Liebe «in unsere Herzen ausgegossen ist durch den Heiligen Geist». In der Liebe ist die *Apostolizität* der Kirche, weil die Liebe immer und überall dasselbe einzige apostolische Band ist, «das Band der Vollkommenheit» (Kol 3,14). «Wenn ich in den Zungensprachen der Menschen und der Engel reden könnte, aber die Liebe nicht besäße, so wäre ich nur ein tönendes Erz oder eine klingende Schelle. Und wenn ich die Gabe prophetischer Rede besäße und alle Geheimnisse wüsste und alle Erkenntnis und wenn ich allen Glauben besäße, so dass ich Berge versetzen könnte, aber die Liebe mir fehlte, so wäre ich nichts. Und wenn ich alle meine Habe (an die Armen) austeilte und meinen Leib dem Feuertode preisgäbe, aber keine Liebe besäße, so würde es mir nichts nützen» (1 Kor 13,1-3). Und deshalb teilt nur die Liebe allen diesen Attributen der Kirche – der Heiligkeit, der Einzigkeit und der Apostolizität – ihre Realität und ihren Wert mit.

Die Kirche ist ein Liebesbündnis nicht nur in dem Sinn, dass in ihr alle einander lieben, sondern vor allem weil sie durch die Liebe aller zu allen der Welt Christus und Christi Liebe offenbart, Christus bezeugt, und mit der Liebe Christi die Welt liebt und sie erlöst. Sie liebt *in Christus*. Das heißt, dass in der Kirche Christus selbst die

Welt liebt und in ihr «einen von diesen geringsten Brüdern» (Mt 25,40). In der Kirche erhält jeder auf geheimnisvolle Weise die Kraft, alle «mit der Liebe Christi Jesu» (Phil 1,8) zu lieben und Träger dieser Liebe in der Welt zu sein.

Diese Gabe der Liebe wird in der Liturgie, die das Sakrament der Liebe ist, gelehrt. Wir müssen begreifen, dass wir in die Kirche, zur Liturgie, um der Liebe willen gehen, um der neuen gottmenschlichen Liebe Christi selbst willen, die uns geschenkt wird, wenn wir in Seinem Namen versammelt sind. Wir gehen in die Kirche, damit die göttliche Liebe wieder und wieder «in unsere Herzen ausgegossen» wird, damit wir wieder und wieder «die Liebe anziehen» (Kol 3,14), damit wir allezeit, den Leib Christi bildend, stets in der Liebe Christi bleiben und sie der Welt offenbaren. Durch die liturgische Versammlung wird die Kirche, vollzieht sich unsere Einbeziehung in Christus, in Sein Leben, in Seine Liebe, durch die liturgische Versammlung bilden wir «trotz unserer Vielheit» «einen einzigen Leib» (Röm 12,5).

Wir, Schwache und Sünder, können diese Liebe nur wollen und uns auf ihren Empfang vorbereiten. Früher mussten diejenigen, die miteinander im Streit lagen, sich miteinander versöhnen und sich gegenseitig vergeben, bevor sie an der Liturgie teilnahmen. Alles Menschliche muss erfüllt werden, damit Gott in die Seele einziehen kann. Fragen wir uns selbst: Gehen wir zur Liturgie um der Liebe Christi willen, gehen wir hin dürstend und nicht Trost oder Hilfe sondern das Feuer begehrend, das alle unsere Schwächen, alle unsere Grenzen und unser Elend verbrennt und uns mit der *neuen* Liebe entzündet? Oder fürchten wir, dass diese Liebe tatsächlich unseren Hass zu den Feinden, alle unsere prinzipiellen Verurteilungen, Widersprüche und Abschottungen schwächen wird? Wollen wir nicht allzu oft Frieden mit jenen, mit denen wir schon Frieden haben, Liebe zu jenen, die wir schon lieben, Selbstbestätigung und Selbstrechtfertigung? Wenn es aber so ist, erhalten wir die Gabe nicht, die uns erlaubt, unser Leben zu erneuern und ewig neu zu erneuern, wir überwinden unsere Grenzen nicht und haben keine wirkliche Teilnahme an der Kirche. Vergessen wir nicht, dass der Ruf «Lasst uns einander lieben!» den Anfang der Liturgie der Gläubigen, des eucharistischen Heilshandelns darstellt. Denn die Liturgie ist das Sakrament des Neuen Testaments, des Reiches der Liebe und des Friedens. Und nur wenn wir diese Liebe erhalten, können wir das Gedächtnis Christi begehen, seinen Leib und Sein Blut empfangen, das Reich Gottes und das Leben der kommenden Welt erwarten.

«Jaget also der Liebe nach!» sagt der Apostel (1 Kor 14,1). Wo erreichen wir sie, wenn nicht in dem Sakrament, in dem der Herr selbst uns mit Seiner Liebe vereint?

Beten heute

im Johannes Verlag Einsiedeln

Ägid Van Broeckhoven
Freundschaft in Gott

Ferdinand Ulrich
Gebet als geschöpflicher Grundakt

Madeleine Delbrêl
Gebet in einem weltlichen Leben

André Louf
In uns betet der Geist

C. S. Lewis
Du fragst mich wie ich bete
Briefe an Malcolm

René Voillaume
Gebetetes Dasein im Geiste Foucaulds

Hans Urs von Balthasar
Der dreifache Kranz

Henri Caffarel
Saal der tausend Türen
Briefe über das Gebet

Arthur Michael Ramsey
Seid still und erkennt

Heinz Schürmann
Der Geist macht lebendig

Jean-Marie Kardinal Lustiger
Die heilige Messe

Adrienne von Speyr
Bei Gott und bei den Menschen
Gebete

Hans Urs von Balthasar
Christlich meditieren

Henri Caffarel
Weil Du Gott bist

Alexander Schmemann
Vater unser

Joachim Kardinal Meisner
Kreuzweg

Henri Caffarel
Die Ehe auf dem Weg der Heiligkeit